50

아테나이의 영웅 테세우스

주니어RHK

신화의 가치

신화는 한 민족의 기원이나 역사적 · 종교적 · 문화적 삶의 모습을 보여 주는 옛이야기입니다. 주로 신과 영웅에 관한 이야기가 많고, 오랫동안 입에서 입으로 전해 내려왔다는 특징이 있지요.

우리가 살펴볼 그리스 로마 신화는 고대 그리스와 로마에 전해 오는 신화와 전설을 한데 묶은 것입니다. 그리스 로마 신화는 고대의 삶을 엿보게 해 주는 문화유산일 뿐만 아니라, 세계 여러 나라의 문학과 미술에 큰 영향을 끼쳤습니다. 하지만 문화적 가치만큼이나 중요한 것이 또 있습니다. 오래된 옛이야기이면서도 거기에 담긴 교훈적 가치가 오늘날에도 여전히 쓸모 있고 중요하다는 사실입니다.

놀랍지 않나요? 수천 년 전의 이야기가 어떻게 과학 문명이 고도로 발달한 오늘날에도 통하는 것일까요? 그것은 바로 그리스 로마 신화에 나오는 신과 영웅의 모습이 오늘날 우리의 모습과 다르지 않기 때문입니다. 신들도 우리처럼 분노하고, 질투하고, 실수를 하지요. 그런 모습을 보면서 우리는 깔깔 웃거나 눈물을 흘리고, 교훈과 감동을 얻습니다. 우리가 그리스 로마 신화를 읽어야 하는 까닭이 바로 이것입니다.

신화의 세계로 떠날 여러분에게 한마디 덧붙이자면, 신화는 우리에게 끝없는 상상력을 요구한다는 점입니다. 신화 속에는 수많은 은유와 상징이 곳곳에 널려 있지요. 따라서 신화를 읽을 때에는 상상력을 최대한 발휘하여 신화 속에 숨겨진 의미를 찾고, 그것을 자기 나름대로 재해석하는 과정이 필요합니다. 이렇게 읽었을 때에야 비로소 여러분 앞에 놀라운 삶의 이야기가 펼쳐질 것입니다.

자, 그럼 흥미진진한 신화의 세계 속으로 함께 떠나 볼까요?

테세우스는 젊은이들과 함께 크레타 섬에 도착했습니다.
아무리 용감한 테세우스이지만 과연 황소 머리에 사람의 몸을 한
괴물 미노타우로스를 무찌를 수 있을까요?
또 한 번 들어가면 그 누구도 나올 수 없다는
미궁에서 벗어날 수 있을까요?

주요 등장인물

아이게우스 왕

아테나이의 왕으로
테세우스의 아버지예요.
크레타로 떠난 테세우스가 무사히
돌아오기만을 손꼽아 기다려요.

미노스 왕

크레타 왕국의 왕이에요.
미노타우로스를 미궁에 가둬 놓고
사람들을 제물로 바쳐요.

아리아드네

미노스 왕의 딸로
첫눈에 테세우스한테 반해요.

이카로스

미노타우로스가 갇혀 있는
미궁을 만든 다이달로스의
아들이에요. 마음이 여려요.

미노타우로스

황소 머리에 사람의 몸을 한 괴물로
'미노스의 소'란 뜻이에요. 미노스의 아내,
파시파에 왕비에게서 태어나
미궁에 갇혀 지내요.

테세우스

아테나이의 왕 아이게우스와
트로이젠의 공주 아이트라
사이에서 태어났어요. 힘이 세고
용기가 뛰어나 미노타우로스와
맞서 싸워요.

1
크레타 섬에 도착한 테세우스

"크레타의 왕이시여, 약속하신 대로 저희가 미궁에서 살아 돌아온다면 그 뒤로는 아테나이에서 젊은이들을 제물로 데려오지 않겠다는 약속을 지켜 주십시오. 제가 미노타우로스를 물리치겠습니다."

드디어 배가 크레타 섬에 도착했습니다. 테세우스가 제물로 온 젊은이들에게 용기를 북돋아 주었지만 젊은이들은 여전히 풀이 죽어 있었습니다.

젊은이들은 영영 고향으로 돌아가지 못 할 것만 같아 슬펐습니다.

항구에는 아테나이에서 온 젊은이들을 구경하려고 많은 사람들이 모여 있었습니다. 테세우스와 젊은이들은 병사들에게 이끌려 궁으로 향했습니다.

"도대체 어떤 나라의 어떤 왕이기에 산 사람을 제물로 바치는지

궁금하군."

테세우스는 궁으로 향하며 중얼거렸습니다.

한편 크레타 섬에 도착한 테세우스 *일행을 멀리서 지켜본 이가 있었습니다. 바로 크레타의 공주 아리아드네였습니다.

"아, 이번에도 불쌍한 젊은이들이 목숨을 잃겠구나. 언제쯤 이 일을 멈출 수 있을까……."

*일행 함께 길을 가는 사람들의 무리.

안타까운 마음을 안고 궁으로 향하던 아리아드네는 테세우스 일행과 마주쳤습니다. 아리아드네는 테세우스를 보고 깜짝 놀랐습니다.

‘저렇게 멋지고 아름다운 분이 제물이 되어야 하다니.’

궁에서는 미노스 왕이 테세우스 일행을 기다리고 있었습니다. 미노스 왕은 *호탕하게 웃으며 말했습니다.

“올해의 제물들이구나. 그 어느 때보다 활기차 보이는 청년들이로다!”

테세우스가 앞으로 나서며 말하였습니다.

***호탕하다** 호기롭고 걸걸하다.

"크레타의 왕이시여, 약속하신 대로 저희가 미궁에서 살아 돌아온다면 그 뒤로는 아테나이에서 젊은이들을 제물로 데려오지 않겠다는 약속을 지켜 주십시오. 제가 미노타우로스를 물리치겠습니다."

테세우스의 말에 궁 안에 있던 사람들 모두 깜짝 놀랐습니다. 여태까지 그 누구도 미노타우로스를 물리칠 생각을 하지 못했기 때문입니다. 특히 테세우스는 미노타우로스의 먹이가 되기 위해 온 것이었습니다.

미노스 왕은 코웃음을 쳤습니다.

"하하하, 매우 용감한 젊은이로군. 하지만 그게 자네 뜻대로 될 수 있을까!"

테세우스는 더욱 자신만만한 얼굴로 말했습니다.

"전 아테나이의 왕자입니다. 제 나라의 젊은이들의 목숨을

구하기 위해 모든 걸 바칠 것입니다. 반드시 살아 돌아와 이 잔인한 짓을 멈추게 할 것입니다. 왕께서도 약속을 지켜 주십시오."

사람들이 술렁이기 시작했습니다. 이 상황을 지켜보던 미노스 왕의 딸 아리아드네는 미노스 왕 앞에서도 당당하게 나서는 테세우스의 모습을 눈여겨보았습니다.

'저 분이 아테나이의 왕자였구나.'

아리아드네는 늠름하게 자신의 뜻을 전하는 테세우스의 모습에 가슴이 두근거렸습니다.

"건방진 놈, 미노타우로스의 무서운 맛을 봐야 네놈이 입을 잘못 놀린 걸 깨달을 거다!"

아리아드네의 마음을 알 턱이 없는 미노스 왕은 버럭 화를 냈습니다. 제물로 온 주제에 건방진 태도가 마음에 들지 않았기 때문입니다. 아리아드네는 테세우스에게서 눈을 뗄 수가 없었습니다. 사랑에 빠진 아리아드네는 테세우스를 도울 방법을 생각했습니다.

아리아드네는 늠름하고 용감한 테세우스가 미노타우로스를 무찌를 수는 있겠지만, 미궁에서 빠져나올 수 있을지가 걱정되었습니다.

테세우스와 미노스 왕의 딸들

〈테세우스와 미노스 왕의 딸들〉 베네데토 젠나리

그림 오른쪽에 있는 여인은 파이드라로, 아리아드네의 여동생이지만 나중에 테세우스의 아내가 돼요. 아리아드네와 테세우스는 다정하게 서로를 바라보고 있고, 파이드라는 테세우스의 손목을 잡고 살며시 웃고 있어요.

아리아드네는 테세우스를 도울 방법이 없을까 곰곰이 생각하다가 미궁을 만든 다이달로스에게 물어보기로 했습니다. 미궁을 만들었으니, 빠져나오는 방법도 알고 있을 것 같았습니다.

“다이달로스, 미궁에서 나올 수 있는 방법을 알려 주세요.”

다이달로스는 어리둥절한 얼굴로 아리아드네를 바라보았습니다.

“공주님, 그걸 왜 알려고 하시나요? 미궁을 만든 저도 그 방법은 모릅니다. 설령 알고 있다고 해도 절대 알려 드릴 수 없습니다.”

다이달로스는 아리아드네의 부탁을 단박에 거절했습니다. 아리아드네가 몇 번이고 사정을 해 보았지만 다이달로스는 꼼짝도 하지 않았습니다.

아리아드네는 다시 고민에 빠졌습니다. 고민할수록 테세우스를 돕고 싶은 마음이 간절해졌습니다. 그때 공주에게 좋은 생각이 떠올랐습니다.

‘그래, 이카로스를 찾아가 보자!’

아리아드네는 다이달로스의 아들 이카로스를 찾아갔습니다. 아버지 다이달로스보다 마음이 약한 이카로스는 아리아드네의 간절한 부탁에 마음이 흔들렸습니다.

결국 이카로스는 아리아드네에게 미궁에서 탈출하는 방법을 알려 주었습니다.

"이카로스, 정말 고마워! 이 은혜는 절대 잊지 않을게."

아리아드네는 기쁜 마음으로 테세우스에게 향했습니다.

2
미궁 속의 괴물

"네놈이 죄 없는 사람들을 먹어 치운 미노타우로스냐?
아테나이의 명예를 걸고, 나 테세우스가 네놈을 해치우겠다!"
테세우스는 칼을 휘둘러 미노타우로스를 공격했습니다.

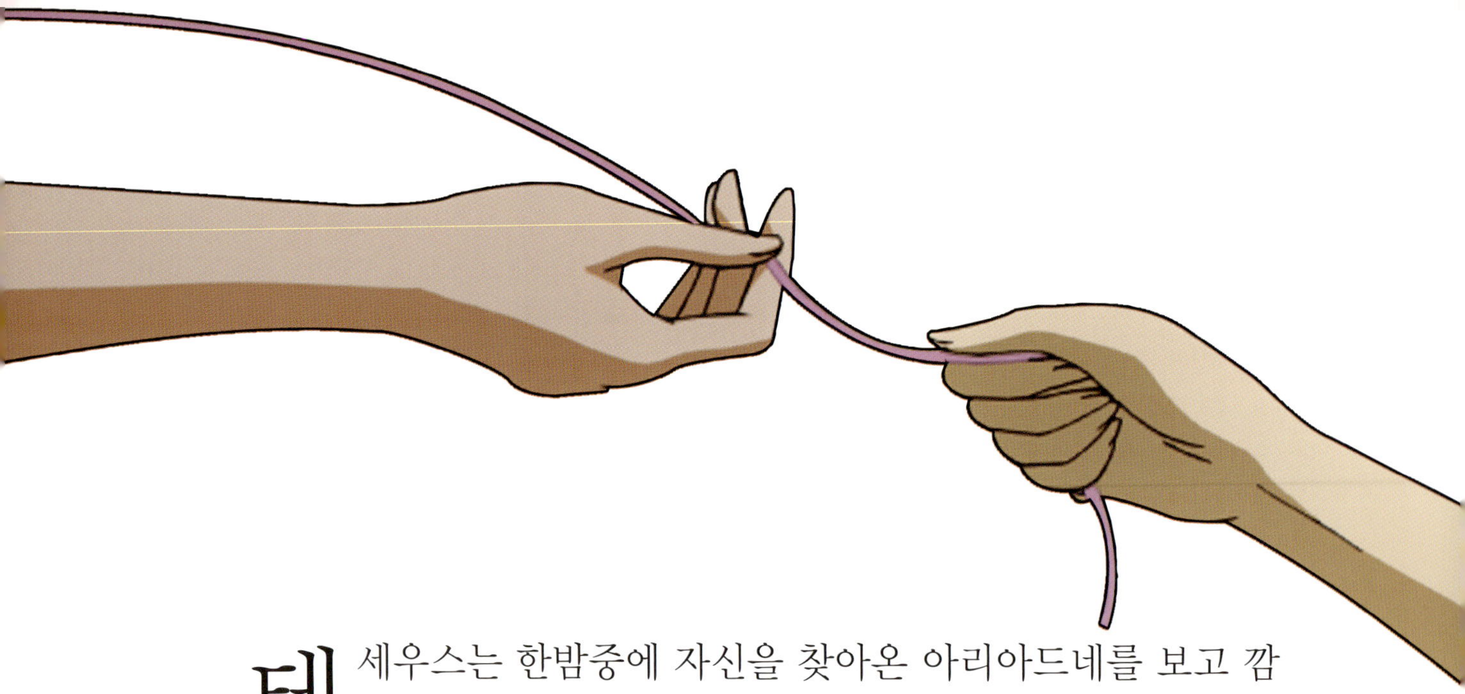

테세우스는 한밤중에 자신을 찾아온 아리아드네를 보고 깜짝 놀랐습니다. 아리아드네는 테세우스에게 실타래를 건네주었습니다.

"이게 뭔가요, 아리아드네 공주님?"

어리둥절한 테세우스가 실타래를 받아 들고 아리아드네를 쳐다보았습니다.

"이 실타래로 미궁을 빠져나올 수 있을 거예요. 미궁에 들어갈 때 실타래의 한쪽 끝을 매어 두세요. 그리고 미궁에서 나올 때 그 실을 따라 나오면 된답니다."

아리아드네는 이카로스가 일러 준 대로 미궁을 빠져나오는 법을 테세우스에게 알려 주었습니다. 테세우스는 아리아드네의 이야기를 귀 기울여 들었습니다.

다행히 캄캄한 밤중에 두 사람의 대화를 엿듣는 사람은 아무도 없었습니다.

아리아드네의 실

아무도 빠져나올 수 없다던 미궁에서 테세우스가 벗어날 수 있었던 것은 아리아드네가 건네준 실타래 덕분이었어요. 그래서 '아리아드네의 실'이란 어려운 문제를 해결할 수 있는 단서 또는 위험한 상황에서 벗어날 수 있는 열쇠라는 의미로 사용됩니다. 또 실타래라는 영어 낱말인 클루(clew)에서 단서라는 클루(clue)가 나왔지요. 복잡한 상황에서 길잡이가 되어 주는 어떤 것을 뜻해요.

테세우스는 궁금한 얼굴로 입을 열었습니다.

“그런데 왜 저를 도와주시는 건가요? 미노스 왕이 알면 큰일 날 텐데요. 아마 우리 둘 다 무사하지 못 할 겁니다.”

순간 아리아드네는 얼굴이 붉게 달아올랐습니다.

“당신을 처음 보자마자 사랑에 빠졌답니다. 부디 이번 일이 끝나면 저를 데려가 주세요. 더 이상 잔인한 아버지와 어두침침한 미궁이 있는 곳에서 살고 싶지 않아요. 영원히 당신과 함께 있고 싶어요.”

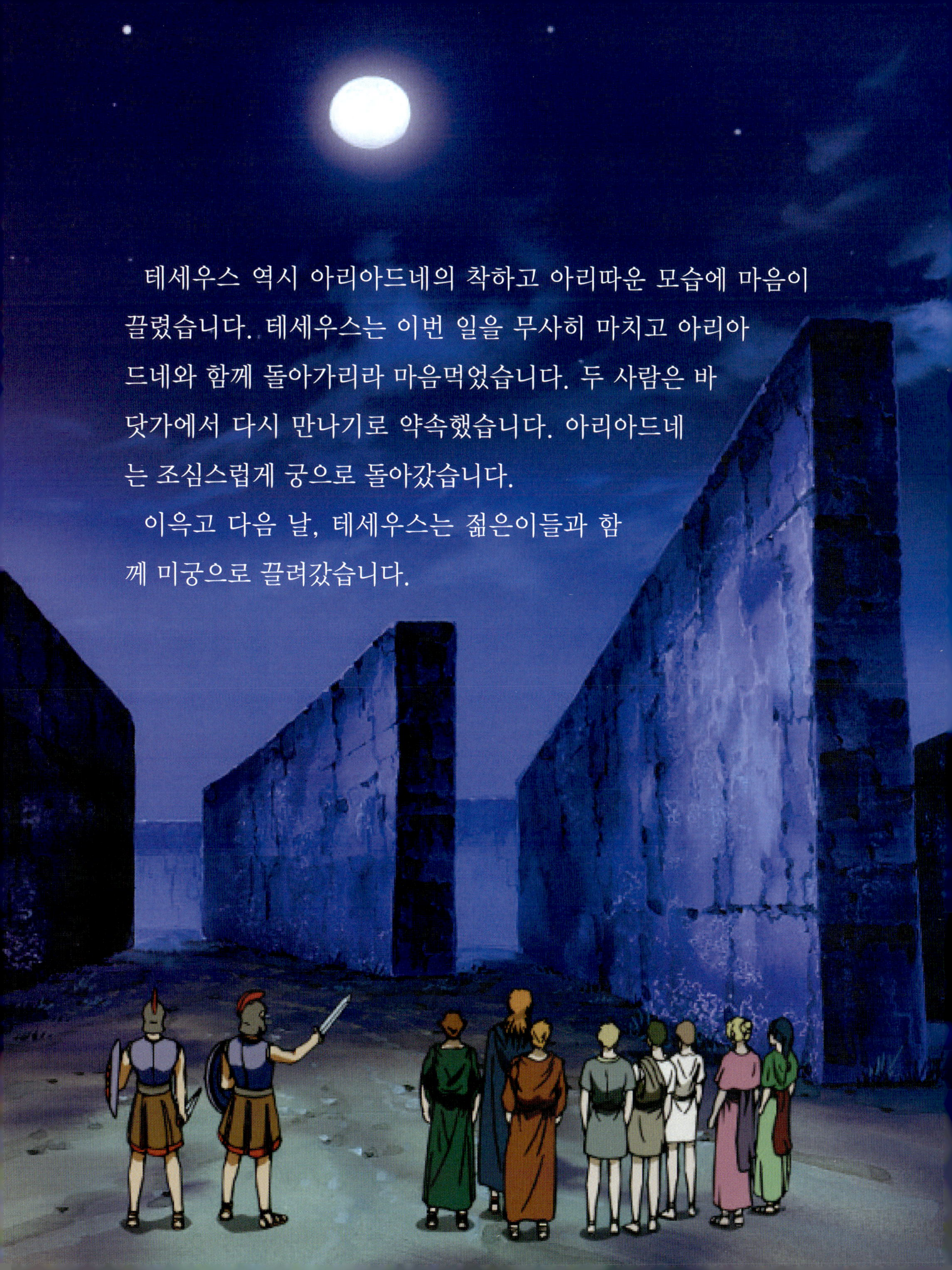

테세우스 역시 아리아드네의 착하고 아리따운 모습에 마음이 끌렸습니다. 테세우스는 이번 일을 무사히 마치고 아리아드네와 함께 돌아가리라 마음먹었습니다. 두 사람은 바닷가에서 다시 만나기로 약속했습니다. 아리아드네는 조심스럽게 궁으로 돌아갔습니다.

이윽고 다음 날, 테세우스는 젊은이들과 함께 미궁으로 끌려갔습니다.

테세우스 일행은 미궁 앞에 이르렀습니다. 테세우스는 병사들의 눈길을 피해 실타래의 한쪽 끝을 문기둥에 단단히 묶었습니다. 병사들은 칼과 창을 겨누며 아테나이의 젊은이들에게 미궁 안으로 들어가라고 위협했습니다.

미궁 안은 높은 벽과 벽으로 가로막힌 듯 이어져 끝이 어디인지 보이지 않았습니다. 또 피비린내가 풍겼습니다. 한 치 앞도 보이지 않는 어둠 속으로 테세우스 일행은 한 사람씩 들어갔습니다.

모두 겁에 질려 숨소리조차 크게 내지 못했습니다. 한 발 한 발 내디딜 때마다 소름 끼치는 소리가 들려오는 것 같았습니다.

"자, 모두 용기를 내자. 겁먹고 우왕좌왕하다간 미노타우로스에게 잡아먹힐 거야. 여자들은 입구에서 기다리도록 해. 미로를 빠져나가려면 입구로 돌아와야 하니까. 남자들은 나와 함께 미로 속으로 들어가 보자!"

테세우스는 젊은이들을 다독이며 미로 안으로 앞장섰습니다.

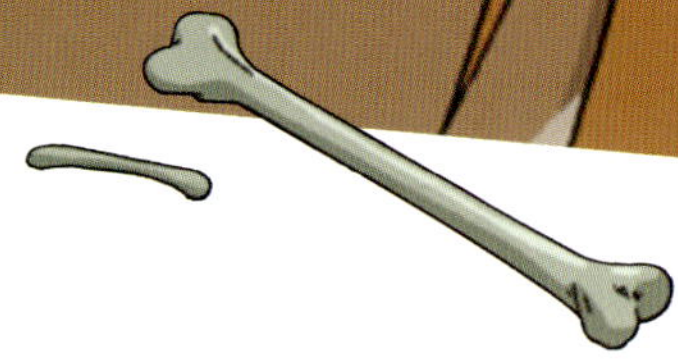

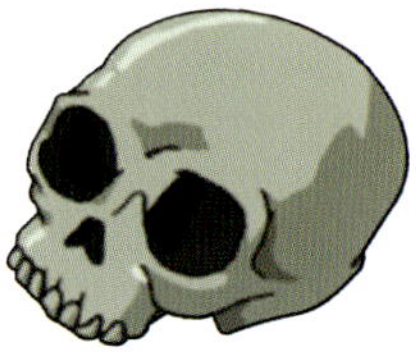

미로 곳곳에는 하얗게 바랜 뼈와 해골 들이 흩어져 있었습니다. 테세우스를 따라온 젊은이들은 점점 더 겁에 질렸습니다. 테세우스는 매서운 눈으로 주위를 살피며 미노타우로스를 찾아 걸었습니다.

일행들이 벽을 돌아 새로운 길로 접어들 때마다 미노타우로스의 울음소리가 점점 더 크게 들려왔습니다. 쿵 하는 발소리도 서서히 가깝게 느껴졌습니다. 언제 어디서 미노타우로스가 튀어나올지 알 수 없는 노릇이었습니다.

"괴물이 다가오고 있어. 이제 우린 어쩌면 좋지?"

젊은이들은 공포에 휩싸였습니다.

"흩어지지 마! 이 실타래만 있으면 무사히 빠져나갈 수 있어!"

테세우스는 칼을 쥔 손아귀에 힘을 주었습니다. 바로 그때였습니다.

"으아악! 괴물이다! 미노타우로스야!"

갑자기 한 젊은이가 외쳤습니다.

색다른 괴물, 미노타우로스

〈미노타우로스〉 작가 미상

신화에는 반은 사람이고, 반은 동물인 존재들이 종종 등장해요. 하지만 대부분 사람의 머리에 동물의 몸을 가지고 있지요. 소의 머리에 사람의 몸을 가진 미노타우로스는 아주 특이한 경우랍니다. 미노타우로스는 동물의 머리를 하고 있기 때문에 이성적으로 생각하지 못하고 동물처럼 행동해요. 하고 싶은 대로만 행동하는 것이지요. 그래서 많은 화가와 작가들은 미노타우로스가 욕망과 광기를 상징한다고 생각했답니다.

미노타우로스의 모습은 참으로 무시무시했습니다. 황소처럼 머리에 두 개의 뿔이 달리고 이글거리는 두 눈은 매서웠습니다. 우람한 몸은 무엇이든 부숴 버릴 만큼 단단해 보였습니다.

테세우스는 자신이 본 어떤 괴물보다도 미노타우로스가 만만치 않은 상대라고 느꼈습니다. 하지만 오늘 반드시 이 *흉악한 괴물을 죽여서 아테나이 젊은이들이 더는 제물로 바쳐지지 않도록 해야겠다고 결심했습니다. 테세우스는 힘껏 외쳤습니다.

"네놈이 죄 없는 사람들을 먹어 치운 미노타우로스냐? 아테나이의 명예를 걸고, 나 테세우스가 네놈을 해치우겠다!"

*흉악하다 모습이 보기에 언짢을 만큼 고약하다.

테세우스는 칼을 휘둘러 미노타우로스를 공격했습니다.

미노타우로스는 칼에 찔렸는데도 눈 하나 깜짝하지 않고 테세우스에게 덤벼들었습니다. 미노타우로스는 몸이 거대했지만 날렵하게 움직여 테세우스의 칼을 요리조리 피했습니다.

"위험해요, 테세우스 왕자님!"

뒤에 움츠리고 있던 젊은이들이 소리쳤습니다. 미노타우로스는 테세우스를 향해 날카로운 뿔을 들이밀며 달려들었습니다. 테세우스는 미처 피하지 못하고 뿔에 받혔습니다. 이마에서 주르륵 피가 흘렀습니다. 테세우스는 온몸에서 힘이 빠지는 것 같았습니다. 자기도 모르게 비틀거리던 테세우스는 다시금 손에 힘을 주었습니다.

미노타우로스는 쿵, 쿵 발을 구르며 힘을 뽐냈습니다. 자기에게 정면으로 도전하는 모습에 무척 화가 난 듯 보였습니다. 그러고는 뿔을 세우고 다시 테세우스를 향해 무섭게 달려왔습니다.

테세우스도 칼을 꽉 쥔 채 미노타우로스를 향해 달려갔습니다.

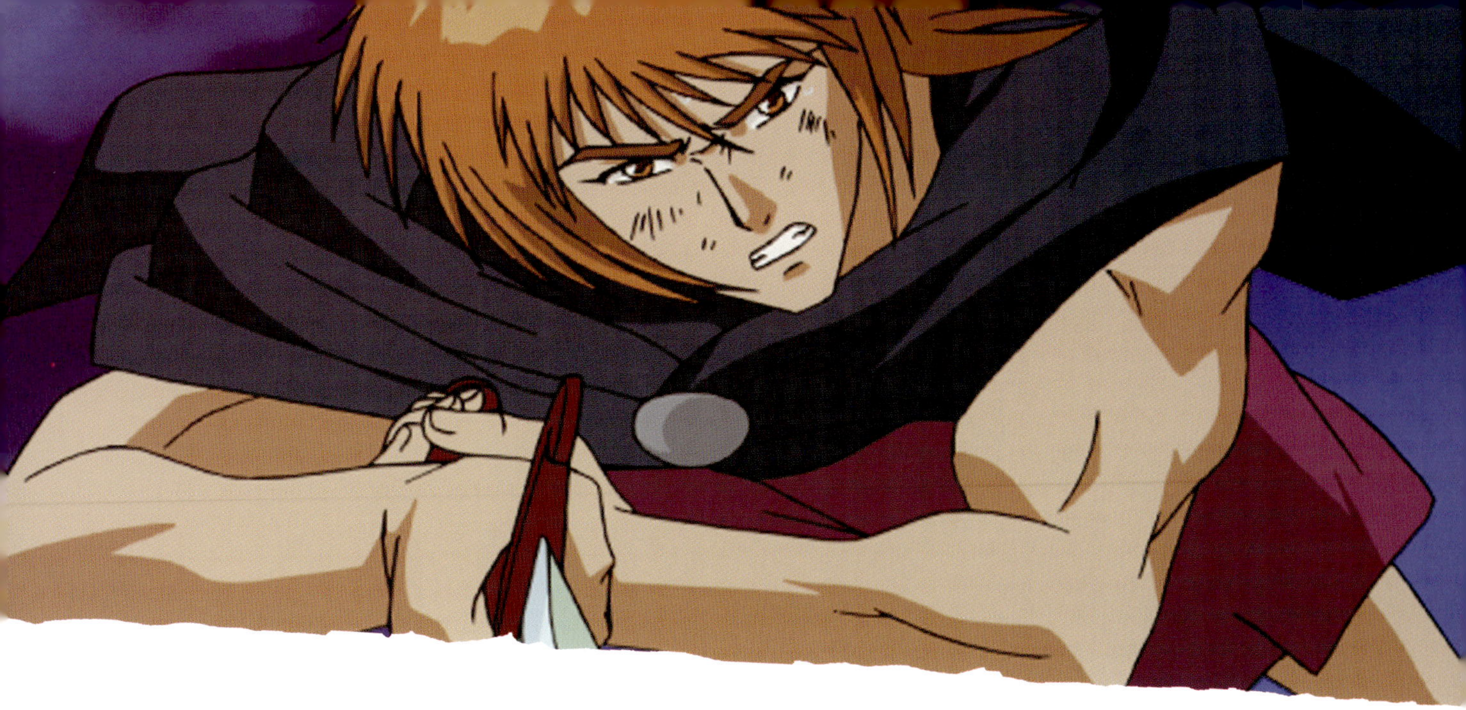

뿔에 받히려는 순간, 테세우스는 공중으로 날아올라 미노타우로스를 향해 힘껏 칼을 휘둘렀습니다. 미노타우로스가 비명을 지르며 비틀거리자 테세우스는 미노타우로스를 다시 한 번 힘껏 찔렀습니다.

"크아악!"

미노타우로스가 마침내 땅바닥에 쿵 하고 쓰러졌습니다.

미노타우로스를 물리치는 테세우스

〈미노타우로스를 죽이는 테세우스〉 앙투안 루이 바리

미노타우로스를 물리치는 테세우스의 모습이에요. 테세우스 이야기는 오랜 세월 동안 사람들의 상상력을 자극하여 많은 작품으로 남았어요. 고대 항아리에 그려진 그림에서부터 벽화, 그리고 조각에 이르기까지 많은 작품 속에 담겨 있답니다. 엎치락뒤치락하는 가운데 테세우스가 미노타우로스를 찌르려고 하는 순간의 모습이 조각에 잘 나타나 있어요.

"테세우스 왕자님이 괴물을 무찔렀다!"

"왕자님, 만세!"

청년들이 테세우스 곁으로 몰려들면서 소리쳤습니다.

"자, 더 머무르지 말고 어서 실을 따라 미궁을 벗어나자."

테세우스는 실타래에 실을 되감아 가며 미궁 입구로 달려갔습니다.

3
탈출

"그래, 건방진 테세우스는 어찌되었느냐?
미노타우로스에게 당해서 흔적조차 남지 않았겠지? 하하하."
"아닙니다. 테세우스와 그 일행은 미궁을 탈출해서
배를 타고 떠났습니다."

미궁을 빠져나온 테세우스와 청년들은 바닷가로 달려갔습니다. 배는 테세우스가 미리 일러두었기에 언제라도 아테나이로 떠날 준비가 되어 있었습니다. 배 앞에는 아리아드네 공주가 초조한 얼굴로 테세우스를 기다리고 있었습니다.

"테세우스! 무사히 미노타우로스를 무찔렀군요! 당신이라면 해낼 줄 알았어요."

아리아드네는 감격에 겨워 눈물을 글썽거렸습니다.

"아리아드네, 당신 덕분에 우리는 무사히 괴물을 물리치고 미궁에서 탈출할 수 있었소. 정말 고맙소! 우리와 함께 아테나이로 갑시다!"

아리아드네는 기뻐서 얼굴이 환하게 빛났습니다. 아버지 미노스 왕의 뜻을 거스르고 테세우스를 도왔기에 더는 크레타 섬에 머물 수 없었습니다. 아리아드네는 테세우스와 함께 아테나이로 가는 배에 올랐습니다.

"자, 이제 출발이다. 서둘러 아테나이로 돌아가자!"

테세우스가 우렁차게 외쳤습니다. 슬픔에 잠겨 크레타로 올 때 와는 분위기가 완전히 딴판이었습니다. 모두 사랑하는 가족을 떠올리며 기쁨의 눈물을 흘렸습니다. 배는 물살을 가르며 힘차게 아테나이를 향해 나아갔습니다.

한편 미노스 왕은 테세우스 일행이 어떻게 되었는지 알아보라고 신하들을 보냈습니다. 신하들이 미궁에 도착했을 때에는 이미 테세우스 일행이 미궁을 빠져나간 뒤였습니다.

"그래, 건방진 테세우스는 어찌되었느냐? 미노타우로스에게 당해서 흔적조차 남지 않았겠지? 하하하."

"아닙니다. 테세우스와 그 일행은 미궁을 탈출해서 배를 타고 떠났습니다."

"아니, 뭐라고? 당장 그놈들을 잡아들여라!"

미노스 왕은 신하들을 이끌고 항구로 달려갔습니다. 하지만 테세우스의 배는 멀리 수평선 너머로 사라지고 있었습니다.

이때 한 신하가 실타래를 내밀며 말했습니다.

"왕이시여, 아리아드네 공주님의 모습이 보이지 않습니다. 아무래도 공주님이 테세우스를 도와주고 함께 떠난 것 같습니다."

미노스 왕은 땅을 치며 화를 냈습니다.

4
남겨진 아리아드네

"아리아드네와 너는 함께할 운명이 아니란다.
또 다른 인연이 아리아드네를 기다리고 있어.
그러니 어서 떠나거라."

테세우스 일행을 태우고 아테나이로 향하는 배 위에서는 흥겨운 잔치가 벌어졌습니다.

"위대한 아테나이의 왕자 테세우스 님을 위해 노래를 부르자!"

"테세우스 왕자님이 계신 한 아무도 우리 아테나이를 우습게 볼 수 없지!"

사람들은 먹고 마시며 춤을 추고 노래를 불렀습니다. 그럴 만도 한 것이 마치 죽었다 살아난 것과 마찬가지였으니까요.

미노스 왕의 추격을 따돌리기 위해 밤을 새워 쉬지 않고 바다를 달려온 일행은 가까운 낙소스 섬에 들러 잠시 쉬어 가기로 했습니다.

해변에 짐을 풀고 잠자리를 마련하자 모두 금세 잠이 들었습니다. 목숨을 건 괴물과의 싸움을 무사히 끝낸 지친 하루는 그렇게 끝나가고 있었습니다.

단잠에 빠져 있던 테세우스는 꿈 속에서 아테나 여신을 만났습니다. 아테나 여신은 테세우스에게 엄한 얼굴로 *경고했습니다.

"테세우스, 어서 일어나거라. 그리고 아리아드네를 남겨 두고 당장 떠나거라."

깜짝 놀란 테세우스가 말했습니다.

"어떻게 그럴 수 있나요? 아리아드네는 저를 도와준 사람입니다. 생명의 은인이에요."

"아리아드네와 너는 함께할 운명이 아니란다. 또 다른 *인연이 아리아드네를 기다리고 있어. 그러니 어서 떠나거라."

테세우스는 너무나 생생한 꿈 때문에 어찌해야 할까 고민했습니다. 테세우스를 위해 모든 것을 버리고 따라온 아리아드네를 남겨 두고 가야 한다니 마음이 아팠습니다. 하지만 아테나 여신의 명령을 어길 수는 없었습니다. 테세우스는 아리아드네가 깨지 않도록 조심하면서 일행들을 깨웠습니다.

"쉿! 모두 일어나 지금 아테나이로 향한다."

젊은이들은 까닭도 모르고 서둘러 배에 올랐습니다.

*경고 조심하거나 삼가도록 미리 주의를 줌. 또는 그 주의.
*인연 사람들 사이에 맺어지는 관계.

남겨진 아리아드네

〈디오니소스와 아리아드네〉 티치아노

멀리 수평선 위에 있는 테세우스의 배를 따라가려는 듯한 아리아드네의 다급한 모습이 보여요. 표범이 끄는 마차에서 붉은 옷을 입고 내리는 이는 디오니소스 신이에요. 낙소스 섬에 남은 아리아드네는 디오니소스의 아내가 되었답니다. 아테나 여신이 말한 아리아드네의 또 다른 인연이란 디오니소스를 말한 것이었어요.

"공주님은 왜 저희와 함께 가지 않으십니까?"

아리아드네 공주가 배에 타지 않은 걸 알게 된 젊은이가 물었습니다.

"공주에게는 또 다른 운명이 있다는구나……. 신께서 공주를 보살피실 거야. 어서 출발하자!"

테세우스는 가슴이 찢어질 듯 아팠지만 어쩔 수 없었습니다. 테세우스 일행을 태운 배는 아테나이를 향해 갔습니다.

5
새로운 아테나이를 향하여

테세우스는 미노타우로스를 무찌르고 돌아올 때

흰 돛을 달고 오기로 약속했었지요.

아테나이에서는 아이게우스 왕이 항구에 나와서 크레타 섬에 간 배가 돌아오길 애타게 기다렸습니다. 그토록 만나고 싶었던 사랑하는 아들 테세우스가 걱정되어 견딜 수가 없었습니다.

'아, 일이 잘못된 것일까? 왜 크레타 섬에서는 소식이 없지?'

아이게우스 왕의 마음은 하루하루 타들어 갔습니다.

항구에는 아이게우스 왕 말고도 아들딸이 살아 돌아오기를 기도하는 가족들과 시민들이 나와 있었습니다.

모두 초조히 테세우스가 탄 배가 눈앞에 나타나기를 기다렸습니다. 테세우스는 미노타우로스를 무찌르고 돌아올 때 흰 돛을 달고 오기로 약속했었지요.

'테세우스야, 꼭 살아서 돌아와야 한다. 만나자마자 널 보내고 괴로운 시간을 보냈단다.'

그때였습니다. 멀리 수평선으로부터 배 한 척이 다가오는 것이 보였습니다. 아이게우스 왕은 돛의 색깔이 무엇인지 확인하는 것이 두렵고 긴장되어 두 눈을 질끈 감았습니다.

테세우스는 낙소스 섬에 아리아드네를 남기고 온 충격에 휩싸여 있었습니다. 자신을 위해 모든 걸 버린 여인을 두고 왔다는 *죄책감과 사랑하는 사람을 잃었다는 우울함에 그만 아버지와 한 약속을 잊고 말았습니다. 크레타에서 무사히 돌아온다면 검은 돛을 내리고 흰 돛을 올리기로 한 바로 그 약속이었습니다.

배가 항구 가까이 왔습니다. 드디어 항구에 모여 있던 사람들은 배의 돛을 뚜렷이 볼 수 있게 되었습니다. 돛의 색깔이 검은 것을 확인한 사람들은 긴 한숨과 비명을 내뱉었습니다.

*__죄책감__ 저지른 잘못에 대하여 책임을 느끼는 마음.

아이게우스 왕은 떨리는 목소리로 신하에게 물었습니다.

"돛의 빛깔이 무엇이더냐?"

슬픔에 잠긴 신하가 대답했습니다.

"왕이시여, 검은색이옵니다."

그 말을 들은 아이게우스 왕은 큰 충격에 빠졌습니다.

"아, 사랑하는 아들을 잃고 이젠 무슨 희망으로 살겠는가?"

아이게우스 왕은 누가 말릴 틈도 없이 바다로 몸을 던졌습니다.

"여러분, 저희가 미노타우로스를 죽이고 돌아왔습니다. 다시는 아테나이의 젊은이들이 제물로 희생되지 않을 것입니다. 아버지, 제가 약속을 지키고 왔습니다."

테세우스는 기쁘게 외치며 아버지를 찾았습니다.

사람들은 살아 돌아온 테세우스와 젊은이들을 보고 깜짝 놀랐습니다. 그러나 모두 고개를 숙이며 눈물을 흘렸습니다.

슬픈 왕의 바다, 에게 해

아리아드네를 남기고 떠난 테세우스에게 내려진 벌일까요? 테세우스는 아테나이를 떠나올 때 아버지와 한 약속을 깜박 잊었어요. 아이게우스 왕은 아들이 죽었다는 절망에 사로잡혀 바다에 몸을 던지고 말지요. 사람들은 아이게우스 왕을 기리며 그 바다를 '아이게우스의 바다', 즉 '에게 해'라고 부른답니다.

테세우스는 이상한 분위기에 놀라 무슨 일인지 물었습니다. 사람들은 아이게우스 왕이 아들이 죽은 줄로 알고 바다에 몸을 던졌다고 말해 주었습니다. 테세우스는 자신의 실수로 아버지를 잃은 것을 알고, 주저앉으며 눈물을 흘렸습니다. 테세우스는 며칠 동안 슬픔에 잠겨 아무것도 할 수 없었습니다. 그러나 언제까지 슬퍼할 수만은 없었습니다. 아버지 뒤를 이어 왕위에 올라 아테나이를 굳건한 나라로 만들어야 하는 책임이 있었기 때문입니다. 테세우스는 힘을 내어 일어섰습니다. 그리고 현명하고 공평한 왕이 되어서 아테나이를 평화롭게 잘 다스렸습니다.

신화 뒷이야기

OLYMPUS GUARDIAN

테세우스는 많은 도둑과 괴물을 물리친 아테나이의 영웅입니다. 그런 영웅이, 자신을 사랑하여 모든 것을 버리고 따라온 아리아드네를 낙소스 섬에 홀로 남겨 두고 온 것은 비겁한 행동으로 보입니다. 테세우스가 그런 행동을 한 이유에 대해 많은 학자들이 답을 찾으려고 했습니다.

첫 번째 설명은 테세우스가 파노페우스의 딸인 아이글레라는 여자를 사랑해서 아리아드네를 버렸다는 것입니다. 두 번째 설명은 우리 책에 나온 것처럼 두 사람의 결혼이 운명에 의해 허락되지 않았다는 것입니다. 아테나 여신의 명령을 받은 테세우스가 아리아드네를 버리고 갈 수밖에 없었다는 것이지요. 세 번째 설명은 아리아드네를 사랑했던 디오니소스가 테세우스에게 홀로 떠나라고 명령했기 때문이라고 합니다.

이유가 무엇이든 아리아드네는 테세우스가 떠난 뒤 오랫동안 슬퍼하지는 않았을 것 같습니다. 물론 배신감에 슬펐겠지만 곧바로 디오니소스의 행렬이 나타나고, 아리아드네를 사랑하게 된 디오니소스는 그녀를 아내로 맞이합니다.

그리고 디오니소스는 아리아드네에게 헤파이스토스가 만든 황금 관을 선물로 줍니다. 신이었던 디오니소스와 달리 인간인 아리아드네는 나중에 죽음을 맞이하게 되고, 디오니소스는 그 황금 관을 하늘로 던져 별자리로 만들어 줍니다.

테세우스의 이야기는 꾸며진 이야기이지만 현실과도 연결되어 있습니다. 미노스 왕의 이름에서 온 미노스 문명은 다른 말로 하면 크레타 문명으로, 아테나이가 속한 그리스 문명보다 먼저 발달했습니다. 그래서 아테나이에게 제물을 바치라고 요구한 것입니다.

이처럼 신화는 그저 꿈 같은 이야기가 아니라, 이야기가 만들어진 시기의 실제 사람들의 생활과 밀접하게 연결되어 있습니다.

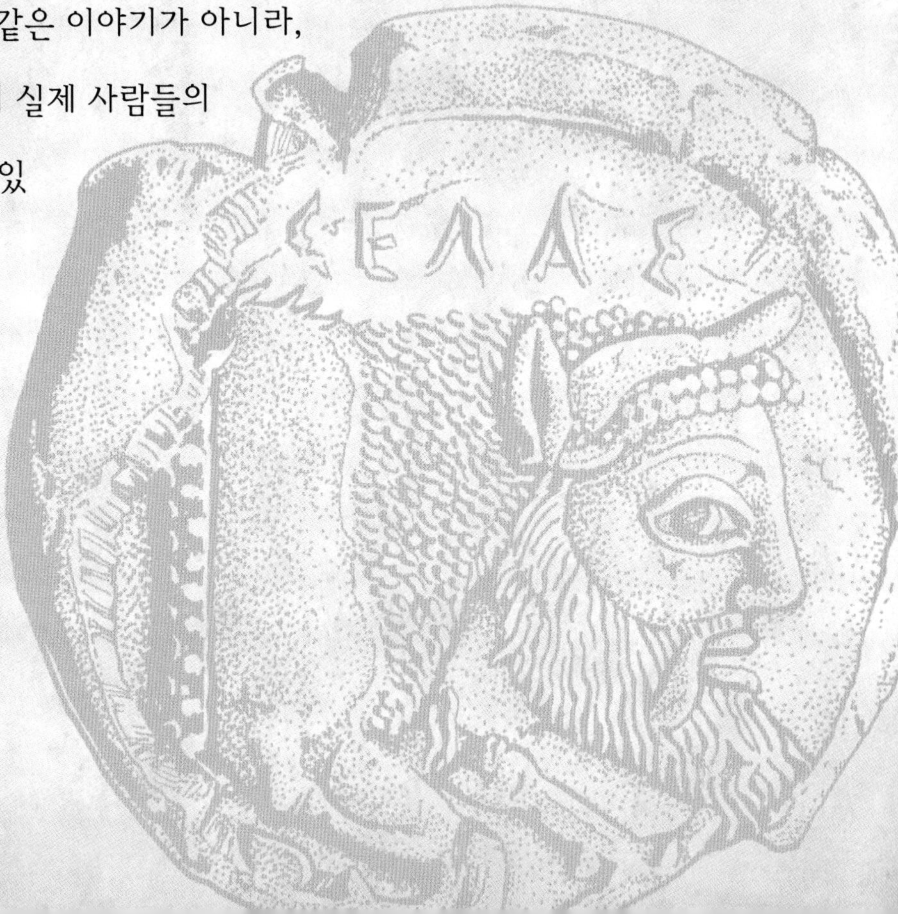

올림포스 신들의 계보

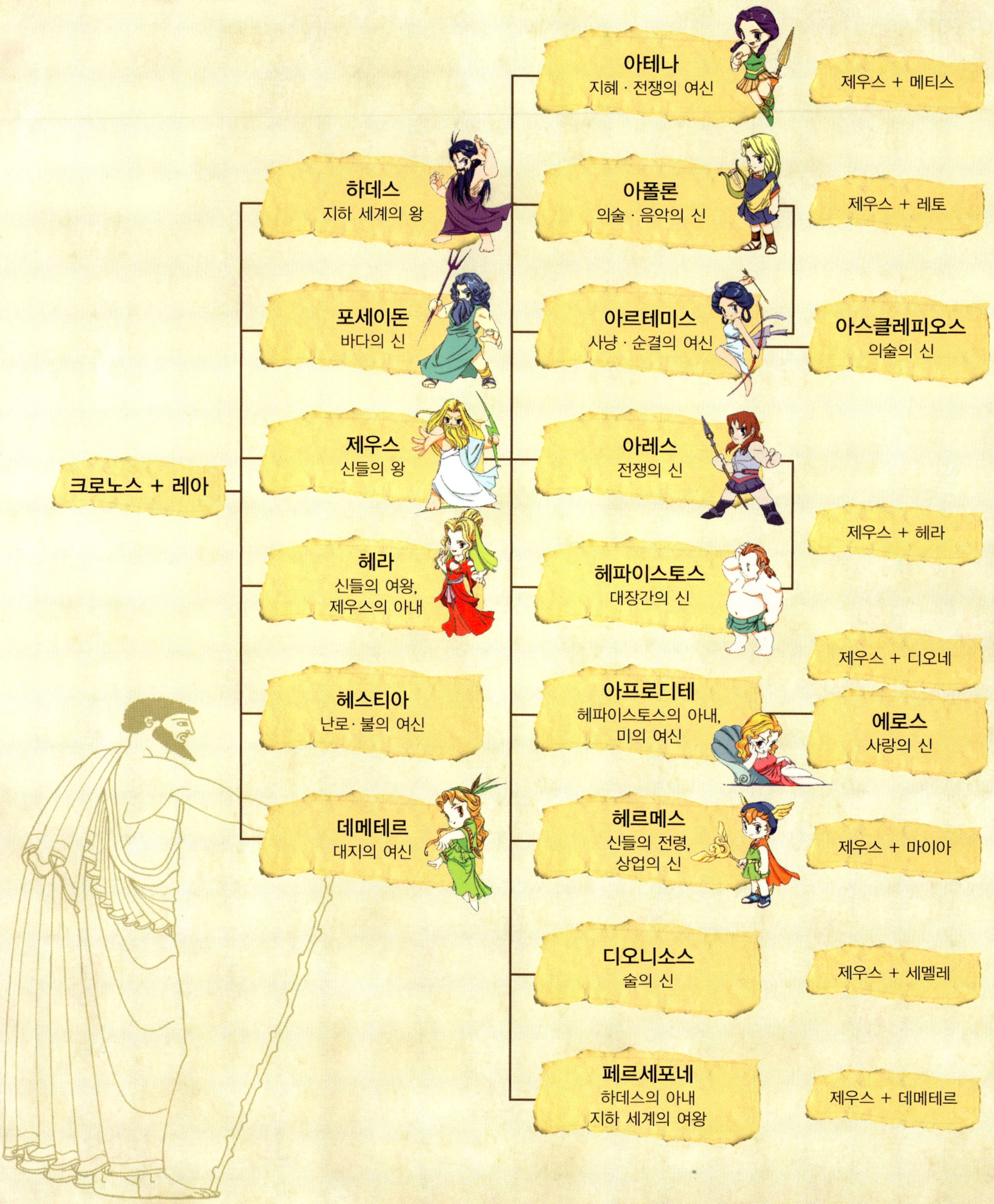

크로노스 + 레아
하데스
지하 세계의 왕
포세이돈
바다의 신
제우스
신들의 왕
헤라
신들의 여왕,
제우스의 아내
헤스티아
난로 · 불의 여신
데메테르
대지의 여신
아테나
지혜 · 전쟁의 여신
제우스 + 메티스
아폴론
의술 · 음악의 신
제우스 + 레토
아르테미스
사냥 · 순결의 여신
아스클레피오스
의술의 신
아레스
전쟁의 신
제우스 + 헤라
헤파이스토스
대장간의 신
제우스 + 디오네
아프로디테
헤파이스토스의 아내,
미의 여신
에로스
사랑의 신
헤르메스
신들의 전령,
상업의 신
제우스 + 마이아
디오니소스
술의 신
제우스 + 세멜레
페르세포네
하데스의 아내
지하 세계의 여왕
제우스 + 데메테르

그리스 로마 신화 주요 인물의 이름

그리스 어	로마 어	영어
가이아	텔루스	
니케	빅토리아	나이키, 빅토리
데메테르	케레스	세레스
디오니소스	바쿠스	바커스
레아	키벨레	시벨레
아레스	마르스	마스
아르테미스	디아나	다이애나
아테나	아테네, 미네르바	
아폴론	아폴로	아폴로
아프로디테	베누스	비너스
에로스	쿠피드, 아모르	큐피드
오디세우스	울릭세스	율리시스
우라노스	카일루스	유러너스
제우스	유피테르	주피터
크로노스	사투르누스	새턴
페르세포네	프로세르피나	
포세이돈	넵투누스	넵튠
하데스	플루톤	플루토
헤라	유노	주노
헤라클레스	헤르쿨레스	허큘리스
헤르메스	메르쿠리우스	머큐리
헤스티아	베스타	
헤파이스토스	불카누스	벌컨

그리스 로마 신화 올림포스 가디언 50

아테나이의 영웅 테세우스

펴낸이 양원석
펴낸곳 (주)알에이치코리아
등록 2004년 1월 15일 제2-3726호
주소 서울특별시 금천구 가산디지털2로 53, 20층 (한라시그마밸리)
문의전화 02)6443-8800

ISBN 978-89-255-4376-5(74800)
ISBN 978-89-255-4354-3(세트)

값 **12,800원**

원작 만화로 보는 그리스 로마 신화(가나출판사)
이광진 엮음, 홍은영 그림
명화 구입처 유로크레온(주)